AF460883

ESTELLE ET NÉMORIN,

OU

LES BERGERS DE MASSANNE,

PANTOMIME EN TROIS ACTES;

PAR MM. HULLIN ET ***;

Musique de M. DARONDEAU;

Représentée à Paris, pour la 1re. fois, sur le Théâtre de la Gaîté, le 5 Mars 1816.

A PARIS,
Chez BARBA, Libraire, Palais-Royal, derrière le Théâtre Français.

DE L'IMPRIMERIE D'ÉVERAT, RUE DU CADRAN, N°. 16.
1816.

PERSONNAGES.	*ACTEURS.*
RAYMOND, père d'Estelle........	M. *Édouard.*
ESTELLE........................	Mlle. *Legros.*
NÉMORIN, jeune Orphelin........	M. *Hoguet.*
MÉRIL, ami de la famille d'Estelle...	M. *Renauzy.*
ROSE, amie d'Estelle.............	Mlle. *Aurore.*
REMISTAN, ancien militaire, redevenu Cultivateur....................	M. *Reynaud.*
FERDINAND, vieux solitaire.......	M. *Héret.*
FAGOTO, pâtre..................	M. *Cheza.*
GASTON-DE-FOIX, neveu de Louis XII, Gouverneur.........	M. *Victor.*
Officiers de Gaston. {	M. *Leroy.*
{	M. *Louis.*

Soldats.

Pirates Espagnols.

ESTELLE ET NÉMORIN,

OU

LES BERGERS DE MASSANNE,

Pantomime en trois Actes.

ACTE PREMIER.

(Le Théâtre représente le village de Massanne qui occupe les cinq premiers plans. Au 6e. et 7e, un fleuve assez large que l'on passe sur un pont rustique. Tout le fond est occupé par des collines couvertes de figuiers et d'accacias. On aperçoit dans le lointain des montagnes dont la cime est couverte de neige.)

(Dans la partie qui représente le village de Massanne, on remarque à droite, l'église et un clocher, dans lequel est une cloche. A gauche, on distingue la maison des parens d'Estelle; elle est ornée d'un balcon rustique. Près de l'église, se trouve la cabane de Fagoto; elle a une croisée au bas de laquelle est un puits.)

SCENE PREMIERE.

Au lever du rideau, on voit les bergers de Massanne assis çà et là, tenant entre leurs jambes des brebis dont ils coupent la toison. Les bergères tiennent chacune, avec un ruban, la brebis que l'on dépouille; elles paroissent craindre qu'on ne la blesse.

SCENE II.

Rose paroît au milieu de ce tableau; elle avance assez doucement pour n'être pas entendue et ne rien déranger Quand elle a bien regardé chaque bergère, assurée qu'Estelle n'est point parmi ses compagnes, elle appelle Fagoto.

SCÈNE III.

Fagoto accourt; il porte un mouton d'une main, de l'autre, il tient un tableau fait en verdure et en fleurs. On lit sur ce tableau : *Rose à Estelle*. Fagoto va le placer devant le balcon de la maison d'Estelle. Quand Rose a rempli son but en préparant une surprise à son amie; elle fait assez de bruit pour distraire l'attention des bergers, qui la saluent et l'invitent à prendre place au milieu d'eux; elle y consent, prend le ruban attaché au col du mouton que porte Fagoto, et celui-ci se dispose à tondre le pauvre animal. Mais Fagoto, tout occupé de son amour dont Rose paroît se moquer, ne sait ce qu'il fait. Dans sa distraction, au lieu de couper la laine de son mouton, il lui coupe une oreille. Les bêlemens de la victime font lever tous les bergers qui accourent auprès du maladroit et lui font les plus vifs reproches; il s'excuse en disant que l'amour égare sa raison, et indique qu'il va continuer avec plus d'adresse Il poursuit. Pendant ce temps, les bergers qui veulent le punir et se moquer de lui, s'arment de leurs ciseaux, et à mesure qu'il tond sa bête, ils le rasent. Les bergères et Rose qui s'aperçoivent de ce tour, éclatent de rire. Fagoto leur demande ce qu'elles ont; elles rient plus fort. Rose interrogée par Fagoto surpasse les autres par sa joie immodérée. Le nigaud dépité veut s'arracher les cheveux, mais il s'aperçoit qu'il n'en a plus. Quelle est la fureur du pauvre Fagoto ! il veut battre tout le monde, et dans sa rage, prenant son mouton par les deux pieds de derrière ; il s'en sert comme d'un bâton contre les bergers qui l'agacent. Une Musette se fait entendre dans le lointain... Ces sons arrêtent tout le monde, et le plus grand silence succédant aux ris et aux menaces, tous les yeux se tournent vers Némorin qui paroît à gauche sur le sommet de la colline.

SCÈNE IV.

Némorin indique aux bergers qu'Estelle vient du côté opposé à celui ou il est. Les bergers et les bergères se placent pour la recevoir. Némorin disparoît.

SCÈNE V.

Estelle descend la montagne, elle est pensive ; elle regarde l'endroit d'où sont partis les sons de la musette. Elle ne voit personne et continue de descendre. Elle tient à la main une houlette parée d'un ruban bleu, elle est suivie de son agneau et de Médor, son chien fidèle. Toujours rêveuse, elle traverse le petit pont sans s'aperçevoir que toutes ses compagnes l'attendent à son passage ; elle se trouve même au milieu d'elles sans les avoir vues. Mais leurs caresses et les hommages des bergers la font sortir de sa mélancolie, et ses yeux se tournant par hazard vers la maison de ses parens, elle lit l'inscription, et se jette dans les bras de Rose. Pendant ce temps, les bergers qui se sont rappelé que c'étoit sa fête, courent subitement dans toutes les parties de la colline pour en arracher des fleurs. Estelle, seule avec Rose sur le devant de la scène, semble lui dire : *tu n'as pas vû Némorin ?* Rose lui répond qu'il va venir. Estelle lui montre une inquiétude et une tristesse que sa tendre amie ne peut dissiper. Heureusement les bergers, après avoir dégarni tous les arbres, accourent avec leurs bouquets, et leur offrande égaye l'intéressante fille de Raymond; elle embrasse ses compagnes, et reçoit les fleurs des bergers. Le dernier bouquet lui est présenté par Némorin. Alors le chagrin d'Estelle se dissipe et tous les signes du bonheur font place à la tristesse. La joie redevient générale, surtout quand Fagoto ne trouvant plus une seule fleur, apporte un arbre pour fêter Estelle.

Les travaux sont finis; les jeux doivent commencer. Fagoto prend la musette de Némorin, et tout le monde se place pour danser.

SCÈNE VI.

A ce moment, on voit descendre de la colline un jeune homme qui semble voyager et vient au milieu des bergers. Une crainte involontaire s'empare d'Estelle et de Némorin; ils regardent cet étranger avec inquiétude, mais leur trouble cesse quand ils voient Rose courir dans les bras de ce jeune homme en leur disant : *c'est mon cousin.* Elle lui témoigne un intérêt qui rend Fagoto très-jaloux; mais Méril, car c'est lui-même, les yeux fixés sur Estelle, fait connoitre qu'il n'est pas très-occupé de sa cousine; celle-ci lui en témoigne un peu d'humeur. Méril demande à entrer chez Raymond.

SCÈNE VII.

Raymond paroit sur le seuil de la porte; au moment où Méril va entrer, Raymond lui prend la main, puis l'embrasse avec une tendresse qui effraye encore plus Estelle et Némorin, et qui commence à éclairer Rose dont les larmes ne peuvent plus se cacher. Méril qu'elle aime, vient pour épouser Estelle; elle communique ses craintes à sa bonne amie, qui, vivement alarmée, se jette dans ses bras. Pendant cette scène d'inquiétude qui se passe d'un côté de la scène, et à laquelle Némorin prend le plus vif intérêt, de l'autre, Raymond semble causer avec Méril, et par ses démonstrations, donne de justes motifs aux soupçons de nos amans.

Cette double scène finie, Raymond présente avec gaîté Méril à sa fille; il permet au jeune homme de l'embrasser. Estelle se fait même prier vivement. Le pauvre Némorin souffre le martyre. Rose qui s'aperçoit de la joie de Méril, quand il embrasse Estelle, ne doute plus de son malheur. Méril se souvenant qu'à son entrée on étoit disposé à danser, va chercher Fagoto, le fait remonter à la place qu'il occupoit, lui donne sa musette, et invite tout le monde à reprendre les jeux. Estelle n'y est pas très disposée. Némorin veut s'en défendre; mais lorsque Raymond. prenant furtivement le ruban qu'elle porte à son chapeau, semble dire : *voilà le prix*, Némorin se présente. On se place. Il est convenu que c'est Estelle qui montrera le pas, et que chacune exécutera ce qu'elle aura fait.

Les suffrages semblent d'abord être pour Méril, mais Némorin enflammé par un regard d'Estelle, double de force et d'agilité, et le prix lui est adjugé. Il va le recevoir. Fagoto le lui dispute; il veut danser avec Rose et l'emporter sur tous ses rivaux. Raymond, en riant, consent à cette nouvelle lutte. D'abord, Rose, dans l'espoir d'attirer les regards de Méril, danse un pas seul très-vif, qui doit servir de modèle à Fagoto. Mais Méril un peu honteux d'avoir été vaincu par Némorin, ne fait pas attention à la vivacité et à la souplesse de Rose. Fagoto trouvant le pas trop difficile, en veut danser un autre. Quelle est alors l'idée des bergers?... Pour se moquer du nigaud, chacun d'eux place au bout d'une houlette, les mèches de ses cheveux enlevés et coupés ; il faut que Fagoto les atteigne et les enlève ; il y consent, saute de houlette en houlette, reprend ses cheveux, les remets à mesure sous son chapeau, de manière qu'à la fin du pas il est coiffé comme en entrant en scène. Cette folie entraîne tout le monde, et une finale vive et animée, dans laquelle figure même Raymond, termine ce ballet.

Après tous ces jeux, Raymond rappelle tout le monde à l'objet essentiel. Il faut porter à la ville voisine toutes les laines et les vendre. Les bergers répondent qu'ils sont près à partir. Ils invitent Némorin à marcher à leur tête. Némorin hésite, regarde Estelle, veut s'y refuser; mais il ne le peut pas; il faut qu'il parte.

Le cortège se met en marche. Chaque bergère conduit son berger jusque sur le haut de la colline. Rose est accompagnée de Fagoto qui l'emmène. Quand ils sont tous arrivés jusqu'à la cime des montagnes, les bergers s'éloignent d'un côté et les bergères de l'autre. Fagoto seul revient chez lui.

SCÈNE VIII.

Il ne reste en scène que Raymond, Estelle et Méril, Fagoto est à la croisée pour voir ce qui va se passer.

Méril qui a été témoin des adieux expressifs d'Estelle à Némorin, est immobile et pensif. Raymond ne s'en aperçoit pas d'abord ; il ne voit pas même que, du côté opposé, Estelle est livrée à la plus vive douleur; mais bientôt jetant un regard sur l'un et sur l'autre, il court à Méril, et lui demande la cause de ses malheurs. Méril n'ose s'expliquer, mais vivement pressé par le père d'Estelle, il avoué sa vive passion. Raymond enchanté lui dit : *tâche de lui plaire et je te donne*. Méril saute au cou de Raymond qui l'invite à entrer chez lui. Celui-ci refuse en montrant l'auberge où il va se retirer. Estelle sort la première avec une froideur que Méril remarque. Raymond le console et rentre. Fagoto, qui a été enchanté de ce que Méril aimoit Estelle et non Rose, disparoît avec joie.

SCÈNE IX.

La nuit vient. Méril seul, déplore son infortune. Il ne pourra se faire aimer. Il veut partir. Il entend un bruit sourd qui arrête ses pas.

SCÈNE X.

Des pirates Espagnols paroissent dans des barques sur le fleuve. Méril inquiet se cache pour connoître leur dessein. Il les voit débarquer, et le chef leur désigne toutes les maisons où il faut porter le fer et la flamme. Méril effrayé, veut pénétrer dans l'église pour sonner le tocsin et appeler du secours. L'église est fermée. Comment faire? Au risque de la vie, il grimpe le long des murs de l'église, atteint le clocher et sonne de toutes ses forces. A l'instant, une grèle de coups de fusil est dirigée sur lui; mais il a le bonheur d'être garanti par le clocher même où il s'est bloti. Un moment après il redescend, court à la maison d'Estelle où les brigands ont pénétré et ont mis le feu. On le voit sortir combattant les pirates à côté de Raymond, et couvrant Estelle de son corps.

SCÈNE XI.

Tous les villageois accourent, désarment les pirates qui se sauvent, et rendent la vie et la liberté à Raymond, à Estelle qui alloient périr. Il ne reste plus de brigands que dans la maison de Fagoto que l'on voit paroître à sa croisée, se défendant à reculons, et qui, pressé trop vivement, tombe dans le puits qui se trouve sous sa fenêtre.

SCÈNE XII.

Parmi tous les habitans accourus au secours de Massanne, se trouve Némorin, qui, en apprenant le danger de son amie et de ses parens, regrette bien amèrement qu'un autre que lui les aît sauvés. Après ce moment d'effroi, et lorsque le feu est éteint partout, Raymond demande qui a sonné le tocsin. Méril répond que c'est lui. Raymond lui fait voir que l'église est fermée. Il indique alors que c'est au péril de ses jours qu'il a grimpé en dehors jusqu'au clocher. Tout le monde se jette à ses genoux. Estelle et Némorin donnent les mêmes signes de reconnoissance, mais en frémissant des suites de cette généreuse action. Ils ont bien raison, car à l'instant même Raymond s'avance vers elle, prend sa main et la met dans celle de Méril. Estelle s'évanouit. On l'emporte dans sa maison. Némorin au désespoir, veut la suivre avec tout le village. Raymond l'arrête et lui dit : *J'ai à vous parler*. Tout le monde s'éloigne. Némorin reste seul avec Raymond.

SCÈNE XIII.

Raymond fait entendre à Némorin qu'il faut oublier Estelle, et ne plus revenir chez lui. Némorin ne le peut pas. Il faut qu'il le promette. Némorin refuse. Alors Raymond lui rappelle les services de Méril qui a sauvé tout le village ainsi que sa famille. Némorin le reconnoit, mais il ne peut oublier Estelle. Raymond désespérant de vaincre son amour par l'autorité et les menaces, a recours aux prières. Il va même jusqu'à se jeter aux genoux de Némorin. Le malheureux orphelin, attendri et vivement ému, consent à s'éloigner pour toujours. Raymond le relève, le presse dans ses bras et veut lui offrir de l'argent. Némorin le refuse et se décide à partir sur le champ. En effet, après s'être incliné devant la porte d'Estelle, après avoir baisé le dernier ruban qu'elle lui a donné, il traverse le pont et monte la colline en fixant toujours les regards sur l'habitation de son amie; sur le haut de la montagne, il joue le dernier air qu'elle lui a appris. Raymond, sur le devant de la scène, ne peut contenir ses larmes.

SCÈNE XIV.

Estelle paroît sur le balcon. Némorin lui dit: *je pars pour toujours*. Au cri que lui arrache cette nouvelle, tous les villageois paroissent. Méril arrive à peine assez à temps pour la retenir; elle s'élançoit vers son ami. Le tableau est général; il exprime une vive douleur. Fagoto, seul, sortant du puits à ce moment, comme pour voir ce qui se passe, adoucit la teinte sombre de cette situation.

(La toile baisse.)

Fin du premier acte.

ACTE SECOND.

(Le théâtre représente une Campagne jusqu'au 5e. plan ; là, une haye traverse toute la scène: au milieu de cette haye est une porte qui conduit à l'habitation de Rémistan. Cette habitation, qui occupe la scène jusqu'au fond, offre tous les fruits de l'agriculture. Ce site doit être riant et pittoresque.)

SCENE PREMIERE.

Au lever du rideau, on entend le bruit très-éloigné de trompettes et de tambours. Tous les valets de Remistan . effrayés par ces sons guerriers , rentrent , l'un avec sa charrrue , l'autre avec sa bèche. On voit revenir les bœufs et les moutons conduits par des pâtres qui témoignent le plus grand effroi.

SCENE II.

Cette déroute villageoise a tant d'éclat, que Remistan sort de sa maison pour s'informer du motif de la terreur générale. On va s'expliquer ; les trompettes et les tambours se rapprochent ; Rémistan pense aussitot que la guerre va ravager son beau pays. Rémistan est vieux soldat ; un médaillon avec deux épées en croix, qu'il porte sur son habit de paysan , l'indique à tous les yeux. Il sent ses inclinations guerrières se ranimer malgré son âge : il rassemble tous ses valets , leur dit qu'il veut combattre , et voyant les soldats sur le point d'arriver près de son habitation , il rentre chez lui en exprimant l'impatienee qu'il a de reprendre ses habits militaires. Tous ses valets le suivent avec inquiétude,

SCÈNE III.

Aussitôt la troupe française paroît et défile devant Gaston son Général. Gaston annonce à ses soldats qu'ils vont combattre, et développant lui-même le drapeau qui est placé au milieu d'eux, sur lequel on lit : *Mort aux Pirates Espagnols !* il leur fait prêter serment.

SCENE IV.

Au milieu de ce tableau, Remistan vient se placer revêtu de ses habits militaires. Gaston le reconnoît, le fait approcher et l'embrasse. Que l'on juge de la joie de Rémistan! mais ce n'est rien encore; Gaston voyant les deux épées que ce brave porte sur son cœur, et qui annoncent un vieux serviteur, détache sa croix de mérite et la lui donne ; à cette vue, le pauvre Rémistan reste immobile de joie et d'étonnement : son extase est si forte que la troupe s'éloigne sans qu'il s'en aperçoive.

SCENE V.

Rémistan seul, revient à lui peu à peu; portant la main sur son cœur, il sent la croix, la détache, la baise mille fois, et jure sur elle de mourir pour son Prince.

SCÈNE VI.

Tous les valets reviennent; Rémistan leur montre avec les plus vives démonstrations, la croix qu'il a reçue, et dit à l'un d'eux de lui apporter du papier et de l'encre ; le valet y court. Aussitôt Rémistan annonce qu'il va partir : ces bons serviteurs ne peuvent le croire. Il leur répète cette intention bien formelle ; tous se jettent à ses genoux pour l'engager à rester, mais leur prière est inutile. Le valet rentre et rapporte une grande feuille de papier : Rémistan la prend et écrit dessus en très-gros caractères : *Métairie à vendre*. Les pauvres serviteurs lisent cette affiche avec une surprise qui finit par des larmes. Il les console, leur donne de l'argent, les embrasse et rentre dans son habitation, presque porté dans leurs bras.

SCÈNE VII.

A peine tout le monde est-il sorti qu'on voit arriver Némorin accablé par le chagrin, la fatigue et la faim; il se traîne jusqu'à la fontaine pour se désaltérer, mais apercevant sur l'arbre qui abrite cette source, le nom d'Estelle et le sien, les forces lui manquent et il tombe anéanti ; il se trouve entre la pierre qui reçoit l'eau de la fontaine et l'arbre qui ombrage cette pierre; on ne peut l'apercevoir qu'en s'approchant tout-à-fait de l'arbre.

SCENE VIII.

Ce malheureux qui se croit abandonné de la nature entière, a pourtant des amis et des amis sincères parmi ceux mêmes qui l'ont persécuté. Raymond, l'inflexible Raymond qui l'a contraint à partir, n'a pu résister au désir de le suivre pour l'empêcher de s'abandonner à son désespoir. On le voit arriver cherchant partout Némorin avec inquiétude, et regrettant amèrement de l'avoir perdu de vue : au milieu de ses recherches, l'écriteau placé par l'ordre de Rémistan, frappe ses regards ; il réfléchit un moment, et tout-àıp, paroissant plus gai, il va sonner à la porte de ıbitation.

SCÈNE IX.

Rémistan revient armé et prêt à partir; il est tou-ırs suivi de ses gens qui ne peuvent le quitter. Ray-ond va droit à lui, s'informe s'il est le maître de cette étairie. Oui, lui répond Rémistan, vous voulez la ndre, ajoute Raymond, je vous l'achète. ombien? mistan lui dit son prix. Raymond p e sur-le-amp. Les papiers, les titres lui sont remis; la pro-iété est à lui. Des trompettes se font entendre au in. Rémistan veut partir, ordonne à ses valets de ne ıs le suivre, et s'éloigne après leur avoir encore don-é quelques pièces d'argent de la bourse qu'il a reçue e Raymond.

SCÈNE X.

Aussitôt après le départ de Rémistan, Raymond ouvant près de lui la plume et l'encre qu'a laissées Rémistan écrit quelques mots au bas des titres qu'il achetés; puis, se livrant tout-à-coup à l'ivresse d'un homme qui vient de faire une action juste, il se dirige involontairement du côté de la fontaine. Ses regards tombent sur Némorin; le voyant évanoui, il e soulève, le prend dans ses bras et appelle du secours. tous les valets accourent près de lui. Némorin pousse un soupir. Raymond se jette à genoux, et bénit le ciel d'avoir conservé les jours de ce malheureux jeune homme; puis, tandis que les valets de Rémistan prodiguent leurs soins à Némorin, Raymond fait enlever l'écriteau: *Habitation à vendre*, et substitue de sa main, celui-ci: *Habitation de Némorin*. Il remet en outre les titres au plus âgé des serviteurs, en lui montrant Némorin comme leur maître à tous, et en indiquant qu'il est heureux d'avoir retrouvé ce courageux berger, et d'avoir pu le sauver de la misère. Raymond part de ces lieux plus satisfait qu'il n'y étoit venu.

SCÈNE XI.

Némorin se ranime tout-à-fait. Il se lève, fait quelques pas, et témoigne sa surprise de se voir entouré de gens qui le saluent avec respect. Il leur demande ce qu'ils veulent. Tous lui montrent l'inscription : *Habitation de Némorin.* A peine celui-ci peut-il en croire ses yeux. Il va même s'éloigner de ces gens qui semblent insulter à son malheur, lorsque le plus âgé des serviteurs s'approche de lui, et lui remet les titres laissés par Raymond. Némorin ne peut plus douter qu'il ne soit maître de cette propriété ; mais à qui doit-il ce bienfait ? Il le demande. On refuse de lui répondre. Pressé par ses nouveaux serviteurs, il va parcourir sa nouvelle demeure, lorsqu'on aperçoit Rose précédée de Fagoto.

SCÈNE XII.

Fagoto est en habit de noces, et n'en est que plus ridicule. On voit qu'il grونde Rose, et veut l'empêcher d'aller plus loin ; mais Rose a été aperçue par Némorin qui court au-devant d'elle. Dans son empressement, il renverse Fagoto qui se laisse ramasser par les valets. Némorin demande à Rose ce qui l'amène. Rose lui raconte la douleur d'Estelle, après son départ. Némorin s'attendrit et semble perdre courage, quand Rose, pour le rappeler à lui, lui annonce l'arrivée d'Estelle. Rien n'égale son ivresse.

SCÈNE XIII.

Mais quel spectacle pour le pauvre Némorin ! la

douleur succède promptement à la joie qu'il vient de témoigner. Estelle est en mariée; elle en a les habits et la couronne, sa pâleur et ses larmes annoncent assez qu'elle n'est qu'une victime parée, mais elle sera l'épouse de Méril. Cette idée, tour à tour, irrite, et attendrit Némorin. Estelle le calme, lui montre la terre en le serrant dans ses bras, et exprime cette pensée avec force; *bientôt là tous deux dans la terre*. Puis montrant le ciel : *tous deux aussi là bientôt*. Ce sentiment de désespoir est partagé par tous ceux qui entourent ces malheureux amans. Fagoto lui-même change de mouchoir, le premier est trop baigné de ses larmes.

SCENE XIV.

Ce tableau douloureux et tendre est interrompu par la brusque arrivée de Méril. Rose qui l'apperçoit la première, et qui le voit prêt à se précipiter sur Némorin, court au-devant de lui et l'arrête, mais elle ne peut empêcher que ses menaces ne soient vues de Némorin qui, s'échappant des bras d'Estelle, s'élance sur Méril. Les valets suivent naturellement ce premier mouvement. Rose retient Méril. Estelle arrête Némorin. Fagoto passe toujours du côté où il n'y a point de danger. Le désordre est à son comble? Némorin et Méril se débarrassent d'Estelle et de Rose; ils vont s'attaquer, lorsque les valets s'élancent entre eux et s'emparant de Méril qu'ils renversent. A cette cette vue, Rose jette un cri et couvre Méril de son corps. Mais Némorin ordonne aux valets de s'éloigner, et s'approchant avec tranquillité de Méril, il l'attire sur un côté de la scène, après avoir fait éloigner tout le monde du côté opposé. Là il lui fait entendre qu'il faut que l'un des deux périsse. Méril y consent. Ils se donnent la main en signe d'accord. Estelle et Rose ont témoigné tour à tour leur inquiétude et leur effroi pendant l'entretien des deux rivaux. Elles se méprennent sur leur projet en les voyant se donner la main. Méril offre à Estelle de la reconduire, Fagoto veut reconduire Rose, et tous s'éloignent avec un sentiment d'inquiétude de la part des deux bergères: la soif de la vengeance brille dans yeux des jeunes amans. Un bruit de fanfares très-rapproché, leur fait hâter le départ. Némorin suivi de ses gens, entre dans sa nouvelle habitation.

SCENE XV.

Des soldats français reviennent. On place une tente très-riche, et presque à l'instant même, Gaston paroît suivi de ses officiers et de ses soldats, qui tiennent au milieu d'eux des pirates enchaînés. On remarque que Rémistan est blessé au bras, et qu'il est pansé avec l'écharpe de Gaston de Foix qui le soutient dans sa marche. Gaston invite sa troupe au repos, et entre dans sa tente pour s'y livrer lui-même. Tout le monde se couche à terre. Deux sentinelles seules, veillent au tour de la tente, et un peloton autour des prisonniers.

SCÈNE XVI.

Némorin reparoît; toujours accablé de douleur, il ne s'apperçoit pas qu'il est au milieu du camp. Rémistan qui le voit sortir de son habitation, s'approche de lui, s'informe s'il en est le nouveau maître. Némorin lui fait entendre qu'il doit ce bienfait à la générosté d'un inconnu, mais que malgré le charme de sa solitude, il ne peut oublier celle qu'il aime. Rémistan l'invite à l'imiter et à se faire soldat. Il semble lui dire: *tu veux la mort; eh bien! viens la chercher au sein des combats.*

Némorin voit dans cette proposition le terme prochain de ses maux, il accepte l'offre de Rémistan, qui l'entraîne dans sa tente.

SCÈNE XVII.

Fagato paroît en ce moment, jouant de la musette; il est suivi des villageois qui fuyent en se voyant si près d'un camp. Mais les Français retiennent Fagato mourant de peur, ils le forcent à jouer un air, qu'il exécute en faussant et en tremblant de la manière la plus ridicule. Ensuite ils ordonnent d'amener la nôce dans le camp. Fagato le promet, et sort en assurant les Français qu'il va revenir avec tout le monde.

SCÈNE XVIII.

Pendant cette scène, Némorin a pris l'habit militaire; il revient avec Rémistan, qui le présente à ses nouveaux camarades. Mais ceux-ci regardent avec pitié le nouveau recrue. Némorin, offensé, les brave et les défie au sabre, à l'épée et au fusil. Tous se moquent de lui plus ouvertement encore. Alors il fait l'exercice, combat au sabre et à l'épée le plus acharné des rieurs. Les suffrages qu'il obtient sont si unanimes, que Rémistan arrachant une branche de lauriers, engage les soldats à couronner ce nouveau camarade.

SCÈNE XIX.

En ce moment les musettes se rapprochent. Fagoto accourt et annonce la nôce. Gaston de Foix qui, de sa tente, a été témoin de l'adresse de Némorin, appelle Rémistan, et lui dit de faire venir auprès de lui ce jeune homme qui paroît si instruit, et de lui donner un engagement à signer: Rémistan fait entre Némorin dans la tente de Gaston.

SCÈNE XX.

La nôce paroît. Raymond ouvre la marche. Méril suit, donnant le bras à Estelle. Rose à côté de son amie, paroît faire tout ce qu'elle peut pour exciter son courage. Les soldats qui voient une mariée si jolie, et qui étoient sur le point de couronner Némorin, imaginent tout-à-coup de prier Estelle d'offrir la couronne au nouveau soldat. Elle veut refuser, mais ils la pressent si vivement, qu'elle accepte, et se laisse conduire vers la tente de Gaston de Foix, au moment même où Némorin signe son engagement. Némorin au bruit que font ses camarades, quitte la plume, et se retourne de leur côté. Quelle est sa surprise! quelle est la douleur d'Estelle! plus d'espoir pour elle! il est soldat; elle ne peut douter qu'll n'aille bientôt chercher la mort, et sa douleur prend tout-à-coup l'expression de l'égarement. Elle lui sourit et le félicite d'avoir pris les armes. Elle lui dit qu'il va s'illustrer. Cette situation occupe et intéresse si vivement Gaston de Foix, Rémistan et tous les Français, que les pirates profitant de ce qu'ils sont moins gardés, tombent sur les sentinelles, s'emparent des armes, et une mêlée générale s'engage.

D'un côté, on voit les soldats français marchant au pas de charge sur les brigands. Némorin est à leur tête, de l'autre on voit Estelle qui, dans son délire, excite N mo in à se battre.

Ce dernier tableau offre la double image d'une marche militaire, et d'une scène de famille vraiment déchirante.

(Le rideau baisse.)

Fin du deuxième acte.

ACTE TROISIÈME.

(Le théâtre représente une forêt très-touffue ; des arbres ça et là, remplissent la scène. Au fond, sur un monticule, un ermitage à côté duquel est un torrent ; à l'horizon, la ville de Massanne.)

SCÈNE PREMIÈRE.

On voit au lever du rideau des malheureux qui attendent à la porte de l'ermitage ; un vieillard en sort. Tous l'implorent et tendent la main. Il leur distribue des fruits, du pain, et ces infortunés se précipitent à ses genoux.

SCÈNE II.

Gaston de Foix arrive en ce moment, suivi de ses officiers. il s'arrête devant ce tableau de bienfaisance : les soldats eux-mêmes considèrent cette scène avec émotion. Le vieillard, en se retournant, aperçoit le prince et veut fuir. Gaston le retient et le félicite. Le vieillard embarrassé, veut s'éloigner ; Gaston de Foix lui demande ce qu'il faut pour écrire... Sur son ordre, un des malheureux court à l'ermitage et en rapporte tout ce qu'il désire. Pendant ce temps, Gaston de Foix donne une bourse à l'ermite, qui la distribue de suite à ses pauvres. A peine Gaston est-il assis pour tracer un ordre, que Némorin paroît.

SCÈNE III.

Némorin, tout occupé à chercher Méril, n'aperçoit pas d'abord Gaston de Foix. Il témoigne une impatience qui l'amène naturellement auprès du prince; embarrassé, Némorin va fuir. Gaston l'arrête et lui demande ce qu'il vient faire en ces lieux. Némorin hésite, se tait, pleure, et voulant dérober ses larmes, il tire son mouchoir, en ce moment, le pistolet qu'il a dans sa poche, tombe aux pieds du prince. L'embarras de Némorin redouble... Interrogé plus vivement, il ne sait que répondre. Le prince lui dit qu'il est venu pour un duel. Némorin tremble. Gaston n'en doute plus; et après un moment de réflexion, il cachète son ordre, le donne à Némorin pour qu'il le porte, et s'éloigne. Cet ordre est important. Gaston le lui recommande. Némorin promet de ne le laisser prendre qu'à la mort. Pendant cette scène qui se passe sur le devant, des brigands déguisés en ermites, paroissent sur le pont du torrent, et voient tout ce qui vient d'être expliqué; quand Gaston s'éloigne, ils se retirent aussi, promettant de se venger.

SCENE IV.

Némorin qui vient de quitter le prince, est monté sur le rocher, et de là, montrant encore son ordre, semble dire! *soyez tranquille*. A peine Gaston a-t-il disparu, et Némorin va-t-il être perdu de vue, que quatre pirates lui barrent le chemin, en lui demandant la charité comme ermites. Némorin dit qu'il n'a rien et veut passer outre. Les pirates l'arrêtent en montrant des armes. Némorin est effrayé d'abord, rappelant ensuite son courage, il les attire jusqu'au bas de la montagne, pour se défendre, mais accablé par le nombre, et sur le point d'être pris, son inquiétude est plus vive pour l'ordre qu'il a reçu que pour sa vie... On veut le lui arracher... Alors il le déchire, le roule et le mange... Les pirates eux-mêmes sont étonnés de cet acte de dévouement.

SCÈNE V.

En cet instant, Rémistan paroît à la tête d'une patrouille, voit Némorin prisonnier; courir à sa défense, et battre les pirates est pour lui l'affaire d'un moment; il les presse si vivement, que les coquins abandonnent leurs mantes et leurs barbes.

SCÈNE VI.

Némorin seul avec Rémistan, est triste; celui-ci lui demande la cause de sa douleur. Némorin lui raconte ce qu'il vient de faire. Rémistan court dans ses bras et le presse tendrement, en lui faisant entendre qu'il va raconter ce beau trait à tout le monde. Il s'éloigne avec ses soldats.

SCÈNE VII.

Némorin reste seul... Il se désole... Rien ne lui réussit. Il ramasse son pistolet, et va se brûler la cervelle.

SCÈNE VIII.

Le solitaire accourt, l'arrête, et le supplie, au nom du ciel, de ménager ses jours. Némorin va le promettre, mais il aperçoit Méril.

SCÈNE IX.

Son rival, bouillant, impétueux, dévoré par la jalousie, ne cherche pas à se contenir. En voyant Némorin, il court à lui et le provoque. Le solitaire se place entre eux, prie, menace, conjure, montre le ciel. Vaines instances. Alors il sort précipitamment dans l'intention de chercher du secours.

SCÈNE X.

Quand les deux rivaux sont seuls, ils tirent chacun un pistolet de leur poche, démontrent bien qu'ils ne sont chargés ni l'un ni l'autre. Après ce préliminaire, Némorin rappelle à Méril qu'ils ont promis qu'un des deux resteroit sur le champ de bataille. Méril renouvelle la promesse. Pour parvenir à ce but, on ne charge qu'un pistolet. On met les deux dans le casque de Némorin, et le hasard décidera qui des deux aura l'arme chargée.

Quand les deux pistolets sont dans leurs mains, il s'agit de décider à quelle distance les combattans se battront. Némorin, décidé à mourir, demande que ce soit à bout portant; Méril y consent. Ils se donnent la main gauche, et se placent chacun le pistolet sur le cœur. Méril, plus vif, plus ardent; tire le premier. Son pistolet n'étoit pas celui qui étoit chargé; sa vie est à Némorin. Némorin détourne l'arme et tire en l'air. Méril court dans ses bras, et semble lui dire: *Jamais je ne ferai ton malheur.*

Au bruit que l'arme à feu a produit, le solitaire accourt avec des villageois. Némorin, militaire, seroit puni s'il étoit arrêté; Méril le fait éloigner, et reste pour s'accuser.

SCENE XI.

Le solitaire reparoît avec tous les pauvres habitans qui sont venus, il y a un moment, implorer sa générosité. Rose, toujours suivie de Fagoto, est avec eux. Elle a vu partir Méril, elle a suivi ses pas. Elle accourt toute tremblante, et s'informe, avec la plus vive inquiétude, si son cousin n'est pas blessé. Méril lui répond que Némorin lui a laissé la vie. Elle montre une joie si expansive, que Fagoto ne peut plus se contenir. Il s'approche de Méril, et lui annonce qu'il sera moins généreux que Némorin. Il provoque Méril avec le sabre qu'il a dans la main. Méril veut le repousser; il insiste, se fâche, et est décidé à combattre. Méril sourit et se place.

Ce combat, loin d'effrayer, ne peut qu'amuser tous ceux qui en sont témoins. A chaque troisième ou quatrième coup, Fagoto est désarmé. Il prend tour-à-tour les sabres des villageois qui sont venus armés, et tour-à-tour les laisse voler dans la poussière. Enfin Méril, désespérant de lasser sa patience, laisse échapper son sabre de sa main. Fagoto le ramasse, ainsi que les douze ou quinze autres qui sont par terre; et, comme un vrai chevalier, vient déposer cet arsenal aux pieds de Rose.

Cette scène finie, Méril conjure Rose de le laisser seul avec le solitaire. Rose y consent avec peine; cependant elle ne veut point contrarier Méril... Elle s'éloigne avec Fagoto et tous les villageois.

SCÈNE XII.

Méril, seul avec le viellard, semble lui dire que de lui dépend le bonheur de sa vie. Le vieillard s'étonne et répond qu'il est prêt à tout faire. » Eh ! bien, » donnez-moi vos habits : je déguiserai mes traits, » et je me charge de mettre à profit cette complai» sance. » Le solitaire y consent, et tous deux se dirigent vers l'ermitage.

SCÈNE XIII.

Ils sont près d'y entrer quand Estelle, les cheveux en désordre, presqu'égarée, se présente à Méril, et reste un moment immobile devant lui ; puis, se remettant de son trouble, elle lui demande un moment d'entretien. Méril y consent. Elle invite le solitaire à se retirer. Il feint d'obéir, mais reste sur le seuil de sa cellule. Estelle et Méril reviennent sur le devant de la scène.

Estelle, avec cette impassibilité que la douleur finit par donner, demande à Méril s'il prétend toujours à sa main. Il répond qu'il est tellement épris des charmes de la bergère, que rien ne peut l'en séparer. Elle lui rappelle la générosité de Némorin. Méril est ému. Elle lui dit qu'elle ne pourra jamais aimer que Némorin, qu'il ne doit pas compter sur son cœur. La force, l'énergie qu'Estelle déploie dans ses yeux irritent presque Méril, qui paroit alors tenir à l'épouser. Pour la dernière fois, Méril interrogé, ne cédant pas aux désirs d'Estelle, celle-ci court précipitamment sur le monticule qui domine le torrent, et va s'y précipiter, quand Némorin paroit devant elle, et le vieillard la retient par le bras. Cette situation doit avoir la rapidité de l'éclair.

SCÈNE XIV.

Némorin court à Estelle, la ramène en scène, et le vieillard rentre dans sa cellule avec Méril qui, à ce tableau d'Estelle prête à s'envelir dans les eaux, a paru prendre un parti décisif.

SCÈNE XV.

Némorin, seul avec Estelle, la serre sur son cœur. Celle-ci lui reproche de ne l'avoir pas laissé mourir, et lui montrant leur bonheur comme impossible, elle semble lui dire : *Némorin, mourons ensemble !* Némorin, fatigué de la vie, heureux de tenir Estelle dans ses bras au dernier moment de l'existence, Némorin goûte un plaisir secret à penser qu'il aura vécu et sera mort pour Estelle. Tous deux, après avoir demandé à Dieu pardon de cet acte de désespoir, après s'être agenouillés devant la céleste providence, tous deux s'acheminent vers le torrent ; ils vont l'atteindre.

SCÈNE XVI.

Des gardes arrivent de tout côté. Gaston de Foix et Rémistan arrivent en scène. Les jeunes gens sont ramenés devant lui. Gaston, qui voit leurs traits pâles et décomposés, les interroge. Ils répondent naïvement qu'ils alloient périr ensemble. — Pourquoi ? — Parce qu'ils ne seront jamais unis. — Qui s'y oppose ? — Nos parens. Gaston, touché de leurs larmes, va pour les unir.

SCÈNE XVII.

Raymond accourt. Il s'empare de sa fille et la remet entre les mains de Rose et de tous les villageois. Il fait entendre que sa parole est sacrée, et que nul n'a le droit que lui de disposer de la main de sa fille. Gaston s'irrite d'abord de la résistance de Raymond, mais s'appaisant peu-à-peu, il fait envisager à ce père inflexible, la douleur, le désespoir de ces amans. Rien ne décide Raymond. Pressé par sa famille, par les villageois qui se jettent à ses genoux, par les deux amans qui sont dans ses bras, il ne veut point céder.

SCENE XVIII ET DERNIÈRE.

Le solitaire paroît. Il descend la montagne et vient au milieu de ce tableau. A sa vue, tout le monde espère. Il semble un envoyé du ciel. Gaston s'approche de lui et lui dit de convaincre Raymond dont la cruauté est extrême. Le solitaire, à son tour, prie Raymond, lui fait entendre que Dieu nous commande le bonheur de nos enfans. Raymond est inflexible. Alors le solitaire prend les mains des deux amans et les unit. Raimond veut encore retirer sa fille des bras de Némorin. Mais le solitaire se découvre, c'est Méril qui ne veut pas d'un bonheur qui coûteroit tant de larmes. A cet aspect, l'ivresse, l'admiration sont générales. Fagoto enthousiasmé se laisse tomber d'un arbre où il étoit monté pour voir la scène, et quand il est relevé, il a pour consolation de sa chûte la vue de Rose dans les bras de Méril. Gaston de Foix enchanté d'assister à cette scène de bonheur, s'avance, donne une bourse d'or aux mariés, et consent à assister à la fête qui doit finir un jour marqué par tant d'évènemens.

Divertissement qui finit par un mélange de danses et d'évolutions militaires.

(La toile tombe.)

Fin du troisième acte.

180

www.ingramcontent.com/pod-product-compliance
Ingram Content Group UK Ltd.
Pitfield, Milton Keynes, MK11 3LW, UK
UKHW020225180726
13838UKWH00005B/2191